AF332852

SOCIÉTÉ INDUSTRIELLE DU NORD DE LA FRANCE.

# EXAMEN

DU

## PROJET DE LA COMMISSION PARLEMENTAIRE

RELATIF A

## LA RÉFORME DE LA LOI SUR LES FAILLITES

PAR

Hʸ LABBE-ROUSELLE,

Ancien Président du Tribunal de Commerce de Lille.

LILLE,

IMPRIMERIE L. DANEL.

1884.

# EXAMEN

DU

## PROJET DE LA COMMISSION PARLEMENTAIRE

RELATIF A

## LA RÉFORME DE LA LOI SUR LES FAILLITES

PAR

### H<sup>y</sup> LABBE-ROUSSELLE,

Ancien Président du Tribunal de Commerce de Lille.

---

Messieurs,

J'ai l'honneur de vous présenter quelques observations sur un projet de réforme de notre législation en matière de Faillite, déposé à la Chambre des Députés le 16 février 1884.

L'étude de cette réforme, commencée vers 1878, a donné naissance à une suite de projets produits notamment par M. Saint-Martin — par MM. Richard Waddington et Dautresme — par M. le Garde des Sceaux, sur rapport du Conseil-d'État—et enfin par une Commission de la Chambre des Députés qui, après un examen approfondi des idées émises sur la question, a formulé ses propositions dans le document dont je viens de parler, lequel est intitulé :

# RAPPORT

FAIT AU NOM DE LA COMMISSION CHARGÉE D'EXAMINER

LA PROPOSITION DE LOI

De M. Saint-Martin (Vaucluse), et de plusieurs de ses Collègues ;

LE PROJET DE LOI

Relatif à la

## RÉFORME DE LA LOI SUR LES FAILLITES

ET LA PROPOSITION DE LOI

De MM. Richard Waddington et Dautresme

sur les

## CONCORDATS AMIABLES OU LIQUIDATIONS VOLONTAIRES

Par M. LAROZE, Député.

Il est bien entendu que je considère comme exactes les observations que je soumets à la Société Industrielle, mais comme elles peuvent être en défaut sur certains points, je dois faire mes réserves pour toutes les erreurs qui pourraient s'y trouver.

Tout d'abord je rendrai hommage aux intentions des auteurs du dernier projet, aux connaissances dont ils ont fait preuve en traitant de haut et dans son ensemble une des plus graves questions de notre droit consulaire, aux quelques excellentes mesures qu'ils ont proposées. Mais malheureusement je dois ajouter qu'ils ne me paraissent pas avoir suffisamment tenu compte du fonctionnement de leurs nouvelles dispositions dans les différents centres commerciaux du pays, qu'ils ne me paraissent pas non plus s'être assez mis en garde contre certaines illusions sur la portée des réformes qu'ils ont proposées.

En effet, quel est le but principal des auteurs du projet ? Supprimer dans un grand nombre de cas l'état de faillite pour le remplacer par une opération qu'on appellerait liquidation judiciaire, et qui serait une sorte d'arrangement conclu entre le débiteur et le créancier avec l'aide de la justice.

L'idée de préserver des conséquences de la faillite le commerçant atteint de malheurs immérités est toute naturelle ; elle a dû venir à la plupart de ceux qui se sont occupés des affaires de cette nature ; et, pour mon compte, j'en ai été vivement frappé à propos d'un jugement de réhabilitation rendu vers 1862 (le seul dont je me souvienne avoir été témoin). Le failli, après avoir payé le montant de sa dette en capital, frais et intérêts à 5 %, après avoir rempli de nombreuses et difficiles formalités, reprenait enfin place parmi les membres du commerce fidèle à ses engagements, et l'on se disait, non sans raison, qu'il était bien regrettable d'avoir dû imposer les rigueurs de la loi à un pareil débiteur : cela amenait à penser que d'autres débiteurs tout aussi honnêtes, mais moins favorisés par les circonstances auraient mérité aussi d'être épargnés, qu'il fallait donc trouver le moyen d'empêcher la faillite du commerçant à qui on ne pouvait imputer d'autre faute que son propre malheur ; que c'était là un devoir imposé à ceux qui avaient plus ou moins directement charge de ses intérêts.

Sous l'influence de ces réflexions, j'ai aussi, permettez-moi de le dire, longtemps cherché la solution de la difficulté en suivant, autant que cela m'était possible, les discussions que la question des faillites soulevait, soit dans notre pays, soit à l'étranger, mais j'ai eu le regret de voir qu'en dehors d'un moyen de surséance que l'on pouvait emprunter aux nations voisines et dont je proposai l'adoption en principe dans un mémoire remontant à 1875, qu'en dehors de ce sursis de paiement je n'avais rien trouvé, et j'ajouterai que l'on avait rien trouvé jusqu'ici de véritablement efficace pour parer au mal contre lequel on se débat, même après l'étude laborieuse commencée il y a plus de cinq ans et dont le dernier mot se trouve dans le projet qui nous occupe.

Nous avons dit que le principal but de ce projet était de substituer le plus souvent la liquidation judiciaire à la faillite pour arriver ensuite à la formation d'un concordat amiable.

Le bénéfice de cette liquidation pourrait être accordé par le tribunal de commerce au débiteur qui en ferait la demande dans les dix jours de la cessation de ses paiements.

Si la demande n'était pas présentée dans ces dix jours, si la liquidation révélait des actes de mauvaise foi à la charge du débiteur, s'il y avait refus ou annulation de concordat, le débiteur serait définitivement déclaré en état de faillite.

En prononçant l'ouverture de la liquidation, le tribunal nommerait un juge-commissaire, chargé de fonctions analogues à celles qu'il remplit aujourd'hui dans la faillite. En outre, le tribunal nommerait un liquidateur ayant pour mission d'assister et de surveiller le débiteur dans ses opérations, car dans l'état de liquidation celui-ci ne subirait plus le complet dessaisissement de l'administration de ses biens que lui impose maintenant l'état de faillite : il pourrait sous la surveillance du liquidateur procéder au recouvrement des effets et des créances, il pourrait de plus prendre part à certaines opérations et transactions dont le syndic a maintenant l'initiative ; les délais pour la convocation des créanciers seraient abrégés de telle manière que les auteurs du projet ont l'espoir un peu chimérique, je crois, de pouvoir réunir l'assemblée qui doit prononcer sur le concordat amiable soixante-quinze ou quatre-vingts jours après l'ouverture de la liquidation ; la majorité en somme requise pour la formation du concordat, qui est aujourd'hui des trois quarts, serait abaissée aux deux tiers du passif chirographaire admis ; enfin l'assemblée des créanciers convoquée dans la quinzaine du jugement d'ouverture devrait nommer deux contrôleurs chargés d'une mission de surveillance.

Ce sont là les conditions les plus marquantes du nouveau mode proposé. J'ai cru devoir vous en donner de suite un aperçu parce qu'elles me paraissent mériter un reproche de nature à faire condamner ce principe du projet.

Le reproche que j'adresse au mode proposé pour l'arrangement des affaires des insolvables sous le nom de liquidation judiciaire et de concordat amiable, c'est de créer un système qui admet deux nécessités inconciliables ; d'une part, le besoin d'une solution à bref délai, d'autre part, le besoin d'examen et de temporisation. En effet, quel est le résultat attendu de la liquidation judiciaire et du concordat amiable ? L'arrangement immédiat d'une mauvaise affaire. L'insolvable doit cent mille francs, tout son avoir ne représente que la moitié de cette somme. Quoi de plus simple que de prendre les cinquante mille francs et de lui abandonner le reste de sa dette.

Cela est parfait en apparence, mais pour que cette transaction produise l'effet voulu, de remettre le débiteur libéré à la tête de son commerce sans imposer à ses créanciers un sacrifice plus considérable que celui qui leur est indiqué, il faut, dans l'intérêt du débiteur, que la transaction intervienne à un moment voisin de la cessation de paiements, dans l'intérêt du créancier, qu'elle soit opérée en parfaite connaissance de cause.

Or, ces deux exigences sont inconciliables en ce sens qu'il est impossible de se rendre suffisamment compte de l'état des affaires du débiteur dans le moment rapproché de la cessation de paiements où le concordat amiable peut rendre le service qui en est attendu.

Pour le démontrer je n'aurai en quelque sorte qu'à prendre mes arguments dans l'exposé des motifs mis en tête du projet dont il s'agit.

Faut-il que le concordat soit passé à une époque peu éloignée de la cessation de paiements ?

Voici ce que dit l'exposé des motifs à ce sujet : Page 20. « Plus le temps s'écoule, en effet, et plus l'utilité du concordat est contestable. S'il n'abrège pas le terme de la liquidation il perd toute efficacité. Lorsqu'au contraire les créanciers et les débiteurs sont appelés à traiter peu de temps après la catastrophe, les chances d'obtenir un concordat sont plus grandes et les fraudes moins pratiquées. »

Page 49 « .... au moment où l'on va délibérer sur le concordat, (sous l'empire de la loi actuelle) les créanciers ont bien acquis la connaissance des ressources de l'actif. Mais depuis de longs mois, la position du débiteur s'est cruellement modifiée, une mesure prompte et énergique aurait peut être, au moment où il a cessé ses paiements, sauvegardé bien des intérêts, cette mesure n'est plus possible. L'activité, le crédit du débiteur ont disparu, tandis qu'au premier moment ses forces étaient entières. »

Je ne crois pas qu'il soit nécessaire d'insister davantage sur ce point.

Faut-il que le concordat soit passé en connaissance de cause? L'exposé des motifs va nous répondre :

Page 15. « La plupart de ceux qui préconisent les traités amiables font assez bon marché de la vérification des créances, parce qu'elle entraîne forcément d'assez longs délais. C'est là une erreur dangereuse. En dehors d'un examen fait librement par les créanciers, il n'y a que fraude et confusion.... »

Page 48. « En effet, la condition essentielle du concordat, celle sans laquelle il est impossible de se prononcer en connaissance de cause sur les propositions du débiteur, c'est que la situation de l'actif et du passif soit exactement connue. Or, en admettant, ce qui est assez rare, que dès les premiers jours de la procédure, le débiteur puisse parfaitement se rendre compte de ce qu'il peut offrir à ses créanciers, comment ceux-ci peuvent-ils contrôler ses affirmations? L'illusion est facile chez le débiteur, il est toujours porté à s'exagérer l'importance de ses ressources, qu'arrivera-t-il s'il fait entrer dans ses prévisions des recettes qui ne se réalisent pas ? La proposition du premier jour devra être modifiée, qu'elle est alors l'utilité de la mesure proposée ?. . . . »

Page 49. « Il n'y a qu'une règle certaine, c'est d'établir préalablement la masse active et passive et de ne passer au concordat qu'après une sérieuse vérification des éléments qui la composent. »

Puisqu'il est reconnu que le concordat amiable doit être passé à un moment voisin de la cessation de paiements, mais aussi que la masse active et passive doit être préalablement vérifiée dans ses éléments, voyons : 1° dans quel délai le concordat va intervenir suivant les suppositions de la Commission et surtout suivant les indications fournies par l'expérience ; 2° et si dans ce délai le débiteur aura conservé sa vitalité commerciale.

L'exposé précité dit, page 46. « Quant aux délais ils ont été réduits autant que possible. Vous avez vu que la première assemblée des créanciers est convoquée dans un délai qui ne peut excéder 18 jours à compter du jugement d'ouverture ; si l'on y ajoute 15 ou 20 jours pour la première vérification, autant pour la deuxième, et le même délai pour arriver à l'assemblée qui doit délibérer sur le concordat, on voit que dans les cas ordinaires, s'il n'y a pas de contestations sur les créances produites, cette assemblée peut se réunir soixante-quinze ou quatre-vingts jours après l'ouverture. » « Il nous a paru absolument impossible d'abréger davantage ces délais sous peine de porter atteinte à des droits que nous voulions sauvegarder ! . . . . »

Page 47. « Dans le cas de contestations de créances et dans celui où une troisième vérification sera ordonnée par le Juge-Commissaire pour les porteurs d'effets en circulation, ces délais pourront être augmentés d'un mois environ. En sorte que trois ou quatre mois au plus suffiront pour conduire la liquidation judiciaire jusqu'au moment où les créanciers auront à examiner les propositions de leur débiteur. »

La Commission me paraît commettre ici une grosse erreur ; car, en cas de contestation de créances, ce n'est pas seulement un mois de retard qu'elle doit prévoir, mais un laps de temps indéfini. A moins qu'elle ne persiste à vouloir imposer aux tribunaux l'obligation de statuer dans le délai de trois semaines, ainsi que l'indique son article 448, ce qui est impraticable si en même temps on ne supprime pas les moyens d'instructions réclamés par certaines affaires : tels que les enquêtes, les expertises, et si l'on ne supprime pas aussi le droit d'opposition et celui d'appel. Ce sont là , soit dit en passant, les nécessités de procédure qui , avec les difficultés de réalisation et de rentrée de l'actif, font parfois durer si longtemps les liquidations judiciaires ou autres , qu'elles soient ou non la conséquence de l'état de faillite.

Ainsi, lorsque l'on se trouverait, comme le supposent les auteurs du projet, en présence d'un débiteur dont les affaires auraient été maintenues dans un ordre parfait , avec une comptabilité bien régulière, dont les créances passives seraient incontestables , dont l'actif pourrait être facilement et certainement apprécié, une procédure de trois ou quatre mois suffirait pour constater la véritable situation de ce rare insolvable.

Lorsqu'on aurait affaire à tout autre débiteur, il faudrait un temps plus long dont le terme ne peut être fixé.

Vous apprécierez, Messieurs, si dans cette dernière situation et même dans celle si facilement admise par la Commission, le crédit, l'activité du débiteur auraient pu se maintenir , si ses forces seraient restées entières.

A la vérité, en vertu de l'article 442 du projet, l'autorisation du Juge-Commissaire suffirait pour autoriser provisoirement l'exploitation du fonds de commerce sous la surveillance du liquidateur, cependant l'ordonnance du Juge pourrait être déférée par toute partie intéressée au Tribunal.

Certainement la continuation des affaires ferait disparaître une partie de la difficulté, reste à savoir si les juges et les créanciers voudraient exposer l'actif aux hasards d'une entreprise peut-être mal conçue, mal conduite, dans tous les cas incertaine dans ses résultats; en définitive, s'ils voudraient entrer dans cette voie d'exploitation du commerce ou de l'industrie que l'expérience me paraît avoir généralement condamnée.

Enfin les auteurs du projet pensent que les conditions nouvelles faites aux insolvables, les amèneraient à recourir à la justice dès leurs premiers embarras.

Il faudrait pour cela qu'il s'opérât un grand changement dans les habitudes des débiteurs :

Qu'ils ne fussent plus portés à s'exagérer leurs ressources comme on vient d'en convenir, qu'ils eussent perdu l'espoir si tenace chez eux, de se voir remis à flot par un secours imprévu, une circonstance fortuite ; qu'ils ne fussent pas tenter de reculer devant cet aveu d'insolvabilité destiné à les déconsidérer rien qu'aux yeux des créanciers, qui verraient toujours en eux les auteurs de la ruine de tout ou partie de leur fortune, qu'on les appelât faillis ou de tout autre nom.

De ce qui précède il y a lieu, ce me semble, de conclure, d'accord avec ce que j'ai dit déjà, que la liquidation judiciaire, telle qu'elle est comprise par la Commission, n'apporterait qu'un remède insuffisant, en réalité illusoire, aux inconvénients qu'elle veut faire disparaître, qu'elle aboutirait presque fatalement à la faillite et priverait alors le failli du bénéfice du concordat que la loi actuelle permet de lui accorder.

Refuser ce concordat au débiteur qui n'aurait pas demandé la liquidation judiciaire dans les dix jours de la cessation de ses paiements, serait bien rigoureux, parce que le caractère de la cessation de paiements n'est pas toujours facile à déterminer, (les tribunaux en savent quelque chose) et la Commission elle-même l'a si bien senti qu'elle s'est refusée à le définir. — Page 37 de son rapport.

Pourquoi alors infliger un refus si préjudiciable au débiteur, peu au courant des affaires de procédure, qui n'aurait pas compris qu'un de ses actes constituait légalement la cessation de paiements, ou encore au débiteur qui aurait compté sur un arrangement amiable promis et qu'une circonstance imprévue, un décès, une faillite ou tout autre événement, aurait fait manquer.

Je persiste à penser que la concession d'un sursis, dont je me réserve d'expliquer le système, donnerait de meilleurs résultats en laissant les choses entières et en réservant aux intéressés la faculté de révoquer ce sursis aussitôt qu'il deviendrait compromettant.

Pour me conformer au désir qui a été exprimé par le Comité du commerce de la Société Industrielle, je vais continuer l'examen du travail de la Commission dans l'ordre des dispositions qui y sont contenues.

Quelles sont ces dispositions — celles concernant la liquidation judiciaire, la faillite, celles qui s'appliquent aux banqueroutes, à la réhabilitation ; — en quels points elles apportent des améliorations au régime actuel ; en quels points elle paraissent défectueuses ? C'est ce que je vais essayer de vous exposer en passant rapidement et souvent sans m'y arrêter sur tout ce qui est question de forme et de détail pour n'appeler votre attention que sur les points, assez nombreux déjà, que j'estime devoir vous intéresser.

La réforme que la Commission a entreprise comprend tout le troisième livre du code de commerce concernant les faillites et les banqueroutes.

Le nouveau livre **III** est intitulé :

DES LIQUIDATIONS JUDICIAIRES, FAILLITES
ET BANQUEROUTES,

SON TITRE I^er,

DE LA LIQUIDATION JUDICIAIRE

se divise en trois chapitres :

CHAPITRE I^er

*Des opérations de la liquidation judiciaire jusqu'au concordat.*

CHAPITRE II

*Du concordat, de ses effets et de son homologation.*

CHAPITRE III

*De la resolution du concordat.*

Ce premier titre prendrait la place des quatre premiers chapitres de la loi de 1838, il renferme les articles qui organisent la liquidation judiciaire et le concordat amiable dont les dispositions principales vous ont été indiquées, mais sur lesquelles il y a lieu de revenir pour les compléter et les suivre autant que possible dans leurs diverses applications.

## Chapitre I<sup>r</sup>.

*Des opérations de la liquidation judiciaire jusqu'au concordat.*

La liquidation judiciaire serait ordonnée par le tribunal de commerce sur la demande du débiteur effectuée dans les 10 jours de la cessation de ses paiements.

Cette demande remplacerait le dépôt de bilan qui, en cas de faillite, doit avoir lieu dans les trois jours de la cessation de paiements. Il était nécessaire d'accorder certain temps au débiteur pour établir ses comptes, mais qu'on veuille en étendre la durée dans les limites proposées, je crois que cela est sans utilité réelle, car le débiteur connaît sa position et les causes qui l'ont amenée au moment où il ne paye plus, à moins qu'il n'ait été surpris par un de ces événements qui ébranlent la fortune publique, auquel cas le délai de dix jours ne serait guères plus profitable que celui fixé par la loi en vigueur.

Au surplus, il ne serait peut-être pas sans inconvénient de laisser aussi longtemps le débiteur maître de la situation, comme nous le verrons bientôt.

Le jugement qui déclarerait ouverte la liquidation judiciaire serait délibéré en chambre du Conseil et rendu en audience publique, il nommerait un juge commissaire particulièrement chargé d'accélérer et de surveiller les opérations, il nommerait, en outre, un liquidateur, nouvel agent dont le rôle serait de faire certains actes conservatoires, de surveiller et d'assister le débiteur.

Ce dernier, ainsi que nous l'avons dit, n'aurait plus à subir l'entier dessaisissement de l'administrrtion de ses biens comme dans l'état de faillite. Il pourrait, sous la surveillance du liquidateur, procéder au recouvrement des effets et des créances, faire les actes conservatoires.

Il pourrait sous cette même surveillance et avec l'autorisation du juge-commissaire, opérer la vente des objets sujets à dépérissement ou dispendieux à conserver, il pourrait continuer l'exploitation du fonds de commerce, sauf recours au tribunal.

Il pourrait également, et toujours sous la surveillance du liquidateur et avec l'autorisation du juge-commissaire, transiger sur les litiges dont la valeur n'excèderait pas quinze cents francs. Toutefois, la transaction ne deviendrait obligatoire qu'après avoir été homologuée par le tribunal de commerce.

Nous remarquerons que sous le régime actuel, le chiffre de la transaction est limité à trois cents francs et que celle-ci est également soumise à l'homologation, mais par le tribunal de commerce seulement lorsqu'il s'agit de droits mobiliers, et par le tribunal civil lorsqu'il s'agit de droits immobiliers.

La Commission supprime l'obligation imposée par notre loi de 1838, aux endosseurs des billets à ordre ou lettres de change, de payer ou de fournir caution avant l'échéance lorsque le souscripteur, l'accepteur ou le tireur à défaut d'acception, sont en état de cessation de paiements.

Cette suppression, applicable aussi en cas de faillite, mériterait votre approbation ; car, ainsi que l'explique le rapporteur, lorsqu'un commerçant reçoit par endossement un effet sur lequel plusieurs obligés sont tenus à son égard, il sait bien que jusqu'à l'échéance, il a à courir les chances d'insolvabilité de chacun d'eux ; dès lors, il n'y a pas lieu de modifier à son avantage le contrat qui a été librement consenti et à lui fournir des suretés sur lesquelles il n'a pas dû compter.

Le chapitre relatif à la liquidation se termine par les prescriptions indiquées à plusieurs reprises, qui devraient réduire considérablement les délais actuellement admis pour la réunion des créanciers. Ces prescriptions sont les suivantes :

« Article 446. Dans les trois jours du jugement, le greffier informe les créanciers, par lettre recommandée, de l'ouverture de la liquidation judiciaire et les convoque à se réunir dans un délai qui ne peut excéder quinze jours, dans une des salles du Tribunal, pour examiner la situation du débiteur. Si les noms et domiciles de quelques-uns des créanciers sont inconnus, le juge-commissaire peut ordonner que la convocation aura lieu par des insertions dans les journaux qu'il désigne.

Au jour indiqué, le débiteur, assisté du liquidateur, présente un état de situation qu'il signe et certifie sincère et véritable, et qui contient l'énumération et l'évaluation de tous ses biens, mobiliers et immobiliers, le montant des dettes actives et passives, le tableau des profits et pertes et celui des dépenses.

Les créanciers désignent parmi eux deux contrôleurs qui devront vérifier, conjointement avec le liquidateur, cet état de situation , et remplir les fonctions définies dans le titre III.

Il est dressé de cette réunion, et des dires et observations des créanciers, un procès-verbal signé par le juge-commissaire et le greffier.

Art. 447. Le lendemain de cette assemblée, les créanciers sont invités, en la forme prescrite par l'art. 446, à produire leurs titres dans un délai de quinzaine.

La même convocation indique la date de la première assemblée de vérification des créances.

Art. 448. La production et la vérification ont lieu dans les formes prescrites par le chapitre III du titre III. Toutefois le jugement sur les contestations de créances doit être rendu , soit par le tribunal de commerce, soit par le tribunal civil, dans un délai de trois semaines, à compter du jour du renvoi prononcé par le juge-commissaire.

Art. 449. Le lendemain de la première assemblée de vérification, il est adressé, en la forme prescrite par l'art. 446, une convocation à tous les créanciers, invitant ceux qui n'ont pas produit, à faire leur production.

Les créanciers sont prévenus que l'assemblée de vérification, à laquelle ils sont convoqués, sera la dernière. Cette assemblée a lieu quinze jours après la première.

Si des lettres de change ou des billets à ordre souscrits ou endossés par le débiteur et non échus au moment de cette dernière assemblée sont en circulation, le liquidateur pourra obtenir du juge-commissaire la convocation d'une nouvelle assemblée de vérification.

Art. 450. Le lendemain de la dernière assemblée, dans laquelle le juge-commissaire prononce la clôture de la vérification, tous les créanciers vérifiés ou admis par provision sont invités en la forme prescrite par l'article 446, à se réunir pour entendre les propositions de concordat du débiteur et en délibérer.

Cette réunion aura lieu quinze jours après la dernière assemblée de vérification. »

Dans ces prescriptions se trouvent, ainsi qu'on vient de le voir, celles concernant la désignation des contrôleurs, qui auraient charge de vérifier conjointement avec le liquidateur, l'état de situation présenté par le débiteur, de surveiller, en outre, les opérations du liquidateur, dans le cas de liquidation, ou de l'administrateur, dans le cas de faillite et de vérifier les livres. Ils auraient toujours le droit de demander compte de l'état de la liquidation ou de la faillite, des recettes effectuées et des versements faits. L'administrateur et le liquidateur devraient les consulter sur les actions à intenter ou à suivre.

Les fonctions de ces nouveaux agents viendraient empiéter un peu sur celles du juge-commissaire, chargé maintenant de surveiller et d'activer les opérations, et dont le contrôle s'exerce d'une manière constante au moyen de ses informations directes et au moyen des états que les syndics lui remettent tous les mois, aux termes de l'art. 566 du Code de commerce. Excellente mesure cependant que l'adjonction de contrôleurs non rétribués à l'ancien personnel, s'il est possible de rencontrer toujours des créanciers assez désintéressés pour vouloir consacrer leur temps et leurs peines aux affaires de la liquidation, assez au courant de ces sortes d'affaires pour donner satisfaction à tous les intérêts qui y sont engagés.

Avant de passer à un autre chapitre, je signalerai la modification, dans celui dont nous nous occupons, des moyens de publicité aujourd'hui en usage ; la modification serait faite en vue de ménager la réputation du débiteur. Il me semble qu'en voulant aider ce dernier, on s'exposerait à nuire aux personnes qui auraient ultérieurement à traiter avec lui, et qui pouraient le croire en possession de ressources qu'il n'a plus.

Je signalerai aussi l'absence, dans ce chapitre I$^{er}$, d'une disposition que je considère comme très utile, celle qui ordonne l'établissement d'un inventaire.

La Commission a pensé que cette formalité serait suffisamment remplacée par la confection du bilan. En renonçant à dresser immédiatement l'inventaire, on se priverait sans doute d'un acte authentique, qui deviendrait plus tard le point de départ de l'appréciation de la demande de concordat et aussi de la reddition des comptes si le débiteur obtenait un concordat, sur abandon d'actif ou si finalement il était déclaré en faillite.

#### Au Chapitre II du Titre Ier,

*Du concordat, de ses effets et de son homologation,*

On retrouve l'application assez générale des règles de la faillite à la liquidation judiciaire, avec quelques exceptions, toutefois, dont l'une relative au concordat vous a été indiquée en commençant à cause de son importance. La voici plus complètement expliquée :

Sous le régime actuel, le concordat est voté pour la majorité numérique des créanciers représentant les trois quarts en somme du passif chirographaire admis.

Sous le régime nouveau, ce serait toujours la majorité numérique qui prononcerait, mais elle ne devrait plus représenter que les deux tiers en somme du susdit passif.

Je me bornerai à mentionner, à ce sujet, l'une des observations faites par les adversaires du concordat et reproduite à la page 16 du rapport de la Conmmission.

« En droit, disent-ils, il n'est pas douteux que le créancier ne puisse faire remise de tout ou partie de sa créance, mais quel est donc l'intérêt social qui peut exiger que la minorité s'incline devant une majorité si nombreuse qu'elle soit, pour effectuer cet abandon ? Nul ne peut-être dépouillé de ses biens contre sa volonté et cependant, sans mandat, contre toute protestation de la minorité, la majorité arrive à consommer cette spoliation ! »

La Commission donne plus loin les raisons qui l'ont empêchée de s'arrêter à ce grave argument, page 19 « ce sera, il est vrai, imposer à la minorité une volonté qui n'est pas la sienne, mais toute notre législation repose sur ce principe que l'intérêt particulier doit, dans des circonstances nettement définies par la loi, céder devant l'intérêt général et toute la question se résout à se demander si, dans le cas qui nous occupe, il y a intérêt général à permettre les concordats. »

Votre avis sur la question de principe sera, je le pense, affirmatif, mais je doute qu'il aille jusqu'à l'approbation de l'amoindrissement du droit de propriété que la commission veut consommer.

En vue de justifier cet amoindrissement, le projet dit bien, page 54, que la loi des Etat-Unis votée en 1874, n'exige que le quart en nombre et le tiers en somme quand les ressources de l'actif donnent plus de trente pour cent. Est-ce après vérification du bilan ou après liquidation? Il eût été intéressant de le savoir. Quoi qu'il en soit, cet exemple doit être unique, car les principaux états commerçants : l'Allemagne, la Belgique, la Hollande, exigent des majorités plus importantes pour autoriser des actes d'une pareille gravité. Je ne parle pas de l'Angleterre qui, suivant l'acte de 1869, est soumise à un régime tout particulier et que personne n'a songé, que je sache, à nous appliquer.

Les autres exceptions aux règles de la faillite ne sont que des modifications peu importantes des droits des créanciers et des débiteurs : ainsi l'article 454 accorderait voix consultative aux créanciers dont le privilège, l'hypothèque ou le gage serait seulement contesté, l'article 460 déclare que le débiteur concordataire n'encourrait d'autre incapacité que celle d'être élu membre du Tribunal de Commerce, de la Chambre de Commerce, du Conseil des Prud'hommes et des Chambres consultatives des Arts et Manufactures.

Les créanciers atteints dans leur fortune trouveraient peut-être bien douce cette sorte de pénalité.

La privation des droits électoraux à différents degrés serait d'ailleurs la pénalité réservée le plus souvent aux situations du débiteur dans la liquidation et dans la faillite.

3

LE CHAPITRE III<sup>e</sup> ET DERNIER DU TITRE I<sup>er</sup>,

*De la résolution du concordat,*

Renferme des articles qui apportent, particulièrement dans la forme, quelques changements aux anciennes dispositions concernant l'annulation et la résolution de concordat, et y ajoutent (art. 446) le paragraphe ci-après : Le jugement qui prononce l'annulation ou la résolution du concordat déclare le débiteur en état de faillite.

Nous allons rencontrer dans les titres qui suivent presque toutes les dispositions du régime actuel des faillites, souvent transformées et quelquefois modifiées de manière à entrer dans les nouvelles combinaisons des réformateurs de notre loi.

## LE TITRE II

## DE LA FAILLITE,

se décompose en cinq chapitres.

### CHAPITRE I<sup>er</sup>

*De la déclaration de faillite et de ses effets.*

### CHAPITRE II.

*De l'administration des biens du failli et des assemblées de créanciers.*

### CHAPITRE III.

*De la vente des immeubles du failli.*

### CHAPITRE IV.

*De la répartition entre les créanciers.*

## CHAPITRE V.

*De l'excusabilité et de ses effets.*

CHAPITRE I<sup>er</sup>.— *De la déclaration de faillite et de ses effets.*

Voici les conditions dans lesquelles la déclaration de faillite pourrait être prononcée.

« La faillite est déclarée par jugement du tribunal de commerce, soit d'office, soit sur la poursuite des créanciers :

1° S'il est reconnu que le débiteur n'a pas demandé l'ouverture de la liquidation judiciaire dans les dix jours de la cessation de sès paiements ;

2° A toute période de la liquidation judiciaire , si le débiteur a dissimulé ou exagéré l'actif ou le passif, omis sciemment le nom d'un ou de plusieurs créanciers, ou commis une fraude quelconque, le tout sans préjudice des poursuites du ministère public ;

3° Si le débiteur n'obtient pas de concordat ;

4° Dans les cas d'annulation ou de résolution du concordat prévus par les articles 459, 464 et 465 *(relatifs au refus d'homologation par le Tribunal, — à l'annulation pour fraude ou condamnation pour banqueroute frauduleuse après homologation, — à l'inexécution des engagements résultant du concordat).*

5° Si le débiteur en état de liquidation judiciaire est condamné pour banqueroute simple ou frauduleuse.... »

Le jugement déclaratif nommerait un juge commissaire et un administrateur ; ce dernier serait l'agent qu'on appelle maintenant Syndic.

Le même jugement devrait statuer sur les délais à accorder aux créanciers domiciliés hors du territoire continental de la France pour produire leurs titres et élire domicile, sauf à prolonger ultérieurement ces délais s'il y avait lieu.

Les termes d'un article du présent chapitre apporteraient des modifications sensibles à la validité des actes opérés par le débiteur aux époques voisines de la cessation de ses paiements. Pour en faire ressortir l'importance, je vais mettre en regard le nouveau et l'ancien texte.

Le nouvel article 479 dit : « Sont nuls et sans effet, relativement à la masse, lorsqu'ils ont été faits par le débiteur depuis l'époque déterminée par le tribunal, comme étant celle de la cessation des paiements :

Tous actes translatifs de propriétés mobilières ou immobilières à titre gratuit ;

Tous paiements, soit en espèces, soit par transport, vente, compensation ou autrement, pour dettes non échues et, pour dettes échues, tous paiemenis faits autrement qu'en espèces ou effets de commerce ;

Tous autres paiements pour dettes échues, si, de la part de ceux qui ont reçu du débiteur, ils ont eu lieu avec connaissance de la cessation de ses paiements ;

Toute hypothèque conventionnelle ou judiciaire et tous droits d'antichrèse ou de nantissement constitués sur les biens du débiteur pour dettes antérieurement contractées.

Le premier paragraphe de notre article 446 est ainsi conçu :

« Sont nuls et sans effet, relativement à la masse, lorsqu'ils auront été faits par le débiteur depuis l'époque déterminée par le Tribunal comme étant celle de la cessation de ses paiements ou dans les dix jours qui auront précédé cette époque. »

Les paragraphes suivants sont semblables à ceux que je viens de citer, sauf cependant le quatrième sur lequel nous reviendrons dans un instant.

Comme on le voit, la Commission refuse d'admettre l'annulation de certains actes faits dans les dix jours qui ont précédé la cessation de paiements. C'est, selon toute apparence, une nécessité de son système de liquidation, mais qui vient constituer un nouveau grief à la charge de cette innovation.

Voici, du reste, ce que dit au sujet des actes précités M. Bedarrides, le savant commentateur de notre loi de 1838, dans son traité des faillites et banqueroutes t. I$^{er}$, V. page 134. « ..... On comprend, en effet, qu'un tiers puisse traiter de bonne foi avec le failli lorsqu'il s'agit d'un acte de commerce, du paiement d'une dette légitime, même d'une acquisition de meubles ou d'immeubles. Le failli avait toute capacité pour les consentir, et leur existence n'est pas incompatible avec l'absence d'une volonté de frauder. Mais ce qu'on ne concevrait pas, c'est qu'un débiteur pût aux approches de sa faillite disposer à titre gratuit de tout au partie de sa fortune, et enlever ainsi aux créanciers le gage qui doit leur appartenir. »

L'avis de cette autorité en matière de droit commercial me paraît concluant.

Quant au quatrième paragraphe du nouvel article 479. il reproduit une disposition de notre article 447 avec cette différence que la dernière dit : « pourront être annulés, etc... : tandis qu'il résulte de la rédaction du paragraphe que les actes dont il s'agit seraient nuls et sans effet.

J'écarterai encore cette modification pensant qu'il vaut mieux laisser aux tribunaux, qui sont parfaitement placés pour apprécier les derniers actes du débiteur, la faculté qu'ils ont eue jusqu'ici de prononcer sur leur maintien ou leur annulation.

Les dispositions de l'article 481, concernant les limites dans lesquelles peuvent être inscrits les droits d'hypothèque et de privilège dont l'acte constitutif remonte à plus de quinze jours de l'inscription, sont conformes à celles de notre article 448, sauf en deux points: d'abord, elles deviennent applicables à la liquidation judiciaire, ce qui s'accorde bien avec les conditions déjà connues de ce mode d'arrangement ; et puis, elles suppriment la possibilité d'annuler les hypothèques et privilèges dont il s'agit lorsque les unes et les autres n'ont pas reçu leurs inscriptions dans les dix jours qui ont précédé la cessation de paiements. La différence consiste donc, sur le dernier point, en ce que l'inscription pourrait être valablement faite jusqu'au jour de la cessation de paiemeuts.

Je pense qu'il est nécessaire, et pour des motifs de même nature que ceux donnés précédemment, de maintenir le terme de dix jours qu'on voudrait supprimer.

LE DEUXIÈME CHAPITRE DU TITRE II,

*De l'administration des biens du failli et des assemblées de créanciers,*

Règle les rapports à établir entre les opérations de la liquidation judiciaire et celles de la faillite lorsque les dernières suivraient une liquidation ordonnée par le Tribunal. Ensuite, il indique les formalités à remplir par rapport aux réunions de créanciers. Comme ces formalités diffèrent un peu de celles que nous avons vu appliquer à la liquidation, je crois devoir vous en préciser les termes :

« Article 490. Dans la huitaine du jugement déclaratif, le juge-commissaire fait savoir par lettre recommandée à chacun des créanciers présumés la déclaration de faillite, l'invite à déposer au greffe les titres ou déclarations qui établissent sa créance, à élire domicile dans le lieu où réside le Tribunal et à assister à l'assemblée, qu'il convoque dans un délai qui ne peut excéder quinze jours.

Il indique l'objet de cette assemblée, à savoir, le choix de l'administrateur et des contrôleurs et la composition de l'état des créanciers présumés.

Il cite le débiteur à la même assemblée, et celui-ci est tenu d'y assister en personne.

Le juge-commissaire informe, en les convoquant, les créanciers domiciliés ou résidant hors du territoire continental de la France, du délai qui leur est accordé par le Tribunal pour produire leurs titres et élire domicile.

Article 491. Au jour fixé pour l'assemblée avant toute délibération le juge-commissaire procède à l'appel des créanciers par nom et par somme d'après le bilan complété et rectifié.

Si les droits d'un créancier présent ou représenté sont contestés, le juge commissaire après avoir entendu les contestants, le créancier contesté et le débiteur, décide si le créancier sera ou ne sera pas admis à prendre part aux délibérations.

Sa décision est exécutoire provisoirement, il en est fait mention au procès-verbal.

Art 492. L'assemblée entend l'exposé de la situation présenté par l'administrateur provisoire, elle peut nommer un ou plusieurs délégués pour examiner cet exposé, les livres et l'inventaire.

Le juge commissaire consulte l'assemblée tant sur la composition de l'état des créanciers présumés que sur la nomination de l'administrateur définitif qui peut être l'administrateur provisoire comme tout autre personne.

Le juge commissaire avertit l'assemblée qu'elle peut choisir parmi les créanciers un ou plusieurs contrôleurs pour surveiller la gestion de l'administrateur.

Si les opérations de l'assemblée ne peuvent être terminées en une séance, le juge commissaire la proroge au jour le plus prochain sans nouvelle convocation.

Art. 495. La vérification des créances commence à l'expiration de la quinzaine qui suit la première assemblée

Il y est procédé dans les formes prescrites au chapitre III du Titre III *(Des dispositions communes aux liquidations judiciaires et aux faillites)*. Le procès-verbal de vérification ne peut être clos avant que tous les créanciers qui ont produit leurs titres aient été vérifiés. »

Nous venons de voir que l'assemblée peut choisir parmi les créanciers un ou plusieurs contrôleurs. Ainsi la désignation de ceux-ci deviendrait facultative d'obligatoire qu'elle devrait être dans la liquidation judiciaire. Cette désignation arrivant dix huit jours après l'ouverture de la liquidation, c'est-à-dire vingt huit jours après la cessation de paiements, ou vingt trois jours après la déclaration de faillite, serait bien tardive et ôterait au contrôle une bonne partie de son utilité.

L'administration des biens du failli en ce qui touche à l'exploitation du fonds de commerce et à l'emploi des deniers appartenant à la masse créancière, serait régie par trois articles sur lesquels j'arrêterai un moment votre attention.

Quand au premier objet, un article 399 permettrait au tribunal de commerce de décider sur le rapport du juge commissaire, et le failli dûment appelé, « s'il y a lieu de continuer provisoirement l'exploitation du fonds de commerce ou de la suspendre jusqu'à la réunion des créanciers. »

Dans ce dernier cas, le juge-commissaire pourrait, après avoir aussi appelé le débiteur, autoriser la vente des objets mobiliers et des marchandises.

Sous le régime actuel, la décision relative à l'exploitation du commerce rentre dans les attributions du juge-commissaire, et nous avons vu qu'on voudrait qu'il en fût de même ou à peu près en cas de liquidation judiciaire, mais je crois qu'elle se trouverait mieux placée dans les attributions du Tribunal et suivant les termes nets et précis proposés par la commission.

Quant à l'emploi des deniers appartenant à la masse, il serait régi par les articles 503 et 504, qui ajoutent aux devoirs maintenant imposés aux gérants de la faillite, l'obligation, pour les administrateurs, de verser dans les trois jours des recettes les deniers provenant des ventes et recouvrements, à peine, en cas de retard, d'en payer les intérêts sur le taux de cinq pour cent l'an, et, si le retard dépasse quinze jours, d'être poursuivis par le procureur de la République devant le tribunal correctionnel et condamné à une amende de cent à deux mille francs sans préjudice de toutes autres actions civiles ou criminelles.

Je n'ai pas vu que ces obligations ou d'autres analogues fussent mises à la charge du liquidateur, qui cependant a le maniement des deniers encaissés et la responsabilité qui en résulte.

Les chapitres

III. *De la vente des immeubles du failli et*

IV. *De la répartition entre les créanciers,*

Remplacent sans changements notables les anciens chapitres IX et VII.

Le chapitre V,

*De l'excusabilité et de ses effets,*

Marque une différence de pénalité entre le failli déclaré non excusable et le failli déclaré excusable : le premier resterait soumis à toutes les incapacités civiles et politiques édictées par les lois contre les faillis ; le failli excusable reprendrait ses droits électoraux suspendus par le jugement déclaratif.

A la désignation de non-excusables, le présent chapitre ajoute les banqueroutiers simples.

## LE TITRE III

*Des dispositions communes aux liquidations judiciaires et aux faillites,*

Comprend huit chapitres.

CHAPITRE I<sup>er</sup>

*Des fonctions du Juge-Commissaire.*

## CHAPITRE II.

*Des Liquidateurs, Administrateurs et Contrôleurs,
De leur remplacement et des frais de gestion.*

## CHAPITRE III.

*De la vérification des créances.*

## CHAPITRE IV.

*Des différentes espèces de créanciers et de leurs droits.*

Section 1re. Des co-obligés et des cautions.
    — 2e Des créanciers nantis de gages et des créanciers privilégiés sur des biens meubles.
    — 3e Des créanciers hypothécaires et privilégiés sur les immeubles.
    — 4e Des droits des femmes.

## CHAPITRE V.

*De la revendication*

## CHAPITRE VI.

*Des voies et recours contre les jugements rendus en matière de liquidation judiciaire et de faillite.*

## CHAPITRE VII.

*De la clôture en cas d'insuffisance d'actif.*

## CHAPITRE VIII.

*Des crimes et des délits commis dans les liquidations judiciaires et dans les faillites par d'autres que les débiteurs.*

Le' chapitre I<sup>er</sup>,

*Des fonctions du Juge-Commissaire ,*

Ne sera l'objet d'aucune observation.


Le chapitre II ,

*Des liquidateurs , administrateurs et contrôleurs ,*

Renferme des dispositions qui mettent les Contrôleurs au nombre des intéressés ayant la faculté de demander la révocation du Liquidateur, d'un ou plusieurs Administrateurs et , de plus , autorisent le Procureur de la République à requérir la révocation du Liquidateur.

Cette intervention du Parquet est-elle bien nécessaire si , comme on doit le supposer, les Magistrats consulaires et les Contrôleurs remplissent leur devoir ?

J'ai regretté de ne pas retrouver dans les articles qui ont rapport aux fonctions des Administrateurs l'interdiction admise par notre loi de 1838, de prendre pour Syndics (ou Administrateurs , en d'autres termes) les parents et alliés du débiteur jusqu'au quatrième degré inclusivement , ce qui était un gage d'impartialité.


Dans le chapitre III ,

*De la vérification des créances ,*

Nous remarquerons une modification sensible des conditions actuelles de cette opération.

Il faut encore que je rapproche les deux textes pour en dégager les points sur lesquels ils diffèrent. Celà est d'autant plus à propos que le mode de vérification des créances devrait être, à quelque chose près, le même pour le cas de faillite que pour le cas de liquidation, aux termes de l'article 448 que nous avons examiné en commençant.

Article 533 du projet. « A partir du jugement d'ouverture de la liquidation judiciaire, chaque créancier est tenu de déposer au greffe un bordereau énonçant ses nom, prénoms, profession et domicile, le montant et les causes de sa créance, les privilèges, hypothèques ou gages qui y sont affectés et le titre qui la constate. Il termine par ces mots : *J'affirme que ma présente créance est sincère et véritable*, date et signe le bordereau.

Chaque créancier doit en même temps élire domicile dans le lieu où siège le Tribunal.

Le bordereau de la créance, les titres, l'affirmation et la déclaration d'élection de domicile peuvent être adressés au greffier sans l'assistance d'un mandataire.

Le greffier tient état des bordereaux et titres et en donne récépissé. Il n'est responsable des titres que pendant cinq années à partir du jour de l'ouverture du procès-verbal de vérification des créances.

Dans le cas de faillite, le dépôt du bordereau et des titres a lieu entre les mains de l'administrateur en la forme et dans les conditions ci-dessus indiquées.

Article 534. A défaut par les créanciers d'avoir élu domicile, toutes les significations et informations seront valablement faites ou données au greffe. »

Voici maintenant l'article 491 du code de Commerce : « A partir du jugement déclaratif de la faillite, les créanciers pourront remettre au greffier leurs titres avec un bordereau indicatif des sommes par eux réclamées. Le greffier devra en tenir état et en donner récépissé.

Il ne sera responsable des titres que pendant cinq années à partir du jour de l'ouverture du procès-verbal de vérification. »

Ainsi, les principales différences consistent dans l'obligation pour le créancier.

1° En cas de liquidation judiciaire,
de déposer au greffe ses titres et bordereau, tandis qu'il a simplement la faculté de le faire maintenant ;

2° En cas de liquidation judiciaire et de faillite,
d'énoncer dans son bordereau les privilèges, hypothèques ou gages qui sont affectées à sa créance,

3° d'affirmer sa créance par écrit au lieu de le faire verbalement en personne ou par fondé de pouvoirs,

4° de recevoir toutes significations ou informations au greffe lorsqu'il n'aurait pas pris domicile dans le lieu où siège le tribunal,

5° Enfin, en cas de faillite, de déposer son bordereau et ses titres entre les mains de l'administrateur.

Le chapitre IV,

*Des différentes espèces de créanciers et de leurs droits est, comme je l'ai dit, partagé en quatre sections :*

Section 1<sup>re</sup>.— Des co-obligés et des cautions.

Section 2<sup>e</sup>. — Des créanciers nantis de gages et des créanciers privilégiés sur les biens-meubles.

Section 3<sup>e</sup>. — Des créanciers hypothécaires et privilégiés sur sur les immeubles.

Et Section 4<sup>e</sup>. — Des droits des femmes.

Les dispositions de ce chapitre n'apportent pas de changements essentiels à celles du code de Commerce.

Les dispositions des Chapitres suivants :

V. *De la revendication,*
et VI. *Des voies et recours en matière de faillite,*

sont dans le même cas ; ceux-ci correspondent aux anciens chapitre X et VI. Toutefois, un article du nouveau chapitre VI ajoute aux décisions judiciaires qui ne sont susceptibles ni d'opposition, ni d'appel, ni de recours en cassation, le jugement qui déclare ouverte la liquidation et le jugement qui statue sur la continuation du commerce du débiteur.

### Dans le Chapitre VII,

*De la clôture en cas d'insuffisance d'actif*,

nous trouvons en sus des incapacités imposées au débiteur, celle d'exercer aucun droit électoral pendant toute la durée de la clôture des opérations.

Le débiteur dont on clôture les opérations dans ce cas, à une époque voisine de la déclaration de faillite, est celui qui a tout absorbé, chez lequel il ne reste aucune ressource pour faire les frais de la vérification des comptes, de l'examen de la situation.

Il a, par suite de l'ignorance dans laquelle on se trouve relativement à ses agissements, la chance d'échapper à toute répression; tandis qu'un autre débiteur, qui a laissé un actif important, sera examiné de près et poursuivi s'il a commis quelque faute, ne fût-ce qu'une de ces négligences de comptabilité constituant un délit.

Il y a là une inégalité de traitement qui blesse l'équité, et l'on se demande si, aulieu d'être uniquement privé de ses droits électoraux, le dissipateur ne devrait pas être considéré comme banqueroutier simple.

### Le Chapitre VIII,

*Des crimes et des délits commis dans les liquidations judiciaires
et dans les faillites par d'autres que les débiteurs*,

Comprend deux nouvelles classes de banqueroutiers.

« Article 583, sont condamnés aux peines de la Banqueroute simple les directeurs des sociétés par actions en état de liquidation judiciaire ou de faillite, lorsqu'ils n'ont pas tenu ou fait tenir régulièrement les livres, et ces mêmes directeurs, ainsi que les membres du Conseil d'administration, lorsqu'il sont en fuite ou lorsqu'ils ont contrevenu aux dispositions des statuts interdisant certains genres d'opération. »

« Art. 584, sont condamnés aux peines de la Banqueroute frauduleuse :

1° Les directeurs et les membres du Conseil d'administration d'une société par actions en état de liquidation judiciaire ou de faillite qui, sciemment et dans le but de tromper les créanciers, ont dissimulé ou soustrait les livres de la société, dissimulé ou détourné une partie de l'actif ou réconnu la société débitrice de sommes qu'elle ne devait pas ;

2° Les individus convaincus d'avoir, dans l'intérêt du débiteur, soustrait, recélé ou dissimulé tout ou partie de ses biens, meubles ou immeubles ; le tout sans préjudice des autres cas prévus par l'article 60 du Code pénal ;

3° Les individus, qui, faisant le commerce sous le nom d'autrui ou sous un nom supposé, se sont rendus coupables des faits prévus par l'article 594. »

Cette extension des cas de banqueroute me paraît suffisamment justifiée.

## TITRE IV.

### DES BANQUEROUTES.

#### CHAPITRE I<sup>er</sup>

*De la banqueroute simple.*

#### CHAPITRE II.

*De la banqueroute frauduleuse.*

#### CHAPITRE III.

*De l'administration des biens en cas de banqueroute.*

Au chapitre I<sup>er</sup>,

*De la Banqueroute simple*,

nous trouvons encore plusieurs cas de banqueroute que n'avait pas prévus notre article 585 concernant cet objet :

Si , dans l'intention de retarder la cessation de paiements il (le débiteur) a créé, endossé ou négocié des billets ou lettres de change, sans cause réelle ou s'il s'est livré à des emprunts ruineux ;

S'il a donné à un de ses créanciers ou à son fondé de pouvoirs une somme quelconque pour prix d'un vote dans l'assemblée des créanciers ;

S'il est intervenu entre l'un de ses créanciers et lui des conventions particulières ayant pour objet de modifier en faveur de ce créancier les conditions du concordat ;

Si, dans l'intention de tromper ses créanciers, il a fait de fausses énonciations dans son bilan ou dans son inventaire, soit en omettant un ou plusieurs créanciers, soit en fractionnant une créance entre plusieurs créanciers fictifs.

Nous ne pourrons qu'approuver toutes les mesures tendant à assurer la sincérité et la loyauté des actes de la liquidation et de la faillite.

Le chapitre II,

*De la banqueroute frauduleuse.*

donne les mêmes définitions que celles du Code actuel.

Le chapitre III,

*De l'administration des biens en cas de banqueroute,*

ne paraît devoir nécessiter aucune observation.

# TITRE V.

## *De la réhabilitation.*

Une nouvelle disposition est à signaler ici :

Les sommes revenant aux créanciers décédés, dont les héritiers sont inconnus, ainsi qu'à ceux qui ont disparu ou dont le domicile n'est pas connu, pourraient être déposées en leur nom à la caisse des dépôts et consignations. La justification du dépôt équivaudrait à la quittance dans la procédure en réhabilitation (article 602 , 2ᵉ paragraphe).

L'admission de ce paragraphe ferait disparaître une bien fâcheuse difficulté qui se présente lorsque le débiteur est dans l'impossibilité de retrouver ses créanciers ou leurs ayant-droit.

Je n'ai rien à dire de plus sur le contenu du titre V, si ce n'est qu'il ne reproduit pas notre article 643 du Code de commerce : « Nul commerçant failli ne pourra se présenter à la Bourse , à moins qu'il n'ait obtenu sa réhabilitation. »

La refonte du livre III est complétée par des dispositions transitoires prises en vue de ne pas créer des différences trop marquées entre les commerçants dont la faillite serait ouverte et ceux dont la liquidation judiciaire ou la faillite s'ouvrirait après la promulgation de la loi.— Selon la teneur d'un article 2, les faillites déclarées antérieurement continueraient à être régies par les dispositions du Code de commerce. Néanmoins le jugement qui homologuerait le concordat pourrait, par une disposition expresse, décider que le failli ne serait soumis qu'aux incapacités édictées par la nouvelle loi contre les débiteurs concordataires. Et après la dissolution de l'*Union*, le Tribunal, sur la requête du failli et le rapport du Juge-Commissaire, aurait la faculté de ne faire encourir à ce débiteur que les incapacités établies par la même loi contre les faillis déclarés excusables.

Le failli déclaré non excusable demeurerait sous l'empire des dispositions actuelles qui régissent l'état civil et politique des faillis.

Telles sont, autant que j'ai pu en juger, les caractères les plus remarquables des réformes proposées. Ces réformes bouleverseraient complètement le système suivi jusqu'à présent pour la liquidation des affaires des insolvables. En outre des dangers qui vous ont été signalés, elles auraient pour conséquence d'imposer un travail très pénible aux magistrats consulaires appelés à les mettre en pratique et de les exposer à interpréter la nouvelle loi de diverses manières dans les différents lieux où s'exerce leur juridiction jusqu'au jour assez éloigné où la jurisprudence se trouverait bien fixée.

Le sursis de paiement, qui a pris place dans les Codes de deux nations voisines, Françaises pendant quelque temps et avec lesquelles nous entretenons de nombreux rapports, possède au moins le mérite d'être connu dans ses inconvénients comme dans ses avantages ; son adoption ne changerait que peu de chose à la jurisprudence maintenant admise et à laquelle la Commission s'est plue aussi à rendre hommage. S'il ne donnait pas satisfaction parfaite, il donnerait probablement, en l'appropriant aux besoins reconnus de notre époque (ce que j'essaierai de faire un peu plus tard), la plus grande somme d'amélioration que le mal dont on se plaint peut admettre en ce moment.

J'ai vu avec le plus grand regret que la Commission avait repoussé une mesure réclamée, avec raison selon moi, à l'effet d'empêcher le report de la date de la cessation de paiements à plus d'une année avant la déclaration de faillite, et avait laissé ainsi aux tribunaux les pouvoirs étendus et parfois impératifs que leur confère la loi actuelle.

« Remarquons que cette faculté est illimitée — dit à ce sujet M. Bédarrides, dans son *Traité de Faillites et de Banque-*

*routes* — l'ouverture de la faillite peut être reportée à plusieurs années du jugement déclaratif. Une infinité de transactions peuvent tout-à-coup être menacées. On comprend dès-lors avec quelle prudence doivent agir les tribunaux. »

La Commission paraît avoir cédé à la crainte, un peu exagérée, de permettre quelquefois à un gros créancier de soutenir, pendant un temps plus ou moins long, le crédit du débiteur, afin de régulariser par une prescription à court délai les actes que celui-ci aurait faits en sa faveur.

Si cette combinaison était à craindre, il vaudrait mieux reculer le terme extrême du report de manière à épuiser l'assistance suspecte, le reculer à deux années, par exemple, que de laisser les créanciers exposés à rapporter, en capital et intérêts, ce qu'ils ont reçu depuis cinq ou six ans peut-être, et même à la rigueur à rapporter ce qu'ils ont reçu en dedans du terme de la prescription légale.